August Scherl

Berlin hat kein Theaterpublikum!

Vorschläge zur Beseitigung der Missstände unseres Theaterwesens

August Scherl

Berlin hat kein Theaterpublikum!
Vorschläge zur Beseitigung der Missstände unseres Theaterwesens

ISBN/EAN: 9783743615397

Hergestellt in Europa, USA, Kanada, Australien, Japan

Cover: Foto ©Suzi / pixelio.de

Weitere Bücher finden Sie auf **www.hansebooks.com**

Berlin hat kein Theaterpublikum!

Vorschläge

zur

Beseitigung der Mißstände unseres Theaterwesens

von

August Scherl,

Begründer und Verleger des "Berliner Lokal-Anzeiger".

Berlin 1898.

Druck und Verlag von August Scherl
SW., Zimmerstraße 40/41.

Vorwort.

Theaterprojekte für Berlin stehen nicht im guten Ruf, und was in vielen Veröffentlichungen wohlmeinend und wortreich hinausgeklungen ist an Vorschlägen zur Reform der Schaubühne, zur Schaffung eines Volkstheaters und dergl. mehr, das ist zu allermeist unbeachtet geblieben, weil die Vorschläge als unausführbar sich erwiesen.

Darum möchte ich von vornherein betonen, daß die in dieser Schrift enthaltenen Anregungen geschrieben sind in voller Berücksichtigung der Erkenntniß, daß man den praktischen Boden nicht verlassen darf, wenn man einen frischen Zug in das Theaterleben Berlins bringen will. Nicht nur die Frage: „Wie reformirt man das Theater?" sondern auch die Frage: „Wer soll die materiellen Mittel dazu hergeben?" versucht diese Schrift zu beantworten.

Die Legitimation für die vorliegende Broschüre bildet vor allem mein ehrliches Wollen, der Oeffentlichkeit einen Dienst zu erweisen; die Schrift selbst ist das Produkt jahrelangen Studiums, gegründet auf starkes Mitempfinden der ganzen äußerlichen und innerlichen Theatermisère in Berlin, die ich als Freund und Kenner des Theaters gründlich beobachtet habe. Es sei nichts destoweniger noch einmal darauf hingewiesen, daß meine nachfolgenden Ausführungen zunächst eben nur Anregungen sein sollen. Das Theaterinteresse, die Bühnenerfahrung, das technische Können kompetenter Kreise mögen das, was ich vorschlage und auseinandersetze, verbessern und ausbauen. Den mir zunächst am Herzen liegenden Hauptzweck aber, so hoffe ich, wird diese Broschüre durch sich selbst und durch die Massen-Verbreitung, die ich ihr angedeihen lasse, erreichen: in die weitesten Schichten der Berliner Bevölkerung das Bewußtsein tragen, daß durch sachgemäße Reformen des Berliner Theaterwesens die Freude an dramatischer Kunst ein Gemeingut aller werden kann, selbst solcher, die heute ihr noch fremd gegenüberstehen.

So möge denn diese kleine Schrift mit dazu dienen, das Theater in Berlin populär zu machen und es so umzugestalten, daß es nach dem Kaiserwort vom 16. Juni d. J. die Aufgabe erfülle, „gleich der Schule und der Universität das heranwachsende Geschlecht heranzubilden und vorzubereiten zur Arbeit für die Erhaltung der höchsten geistigen Güter unseres herrlichen deutschen Vaterlandes, und ferner beizutragen zur Bildung des Geistes und Charakters und zur Veredelung der sittlichen Anschauungen".

In dieser wohlgemeinten Absicht unterbreite ich meine Vorschläge der Einwohnerschaft Berlins.

Berlin, im November 1898.

August Scherl.

Die Mißstände und ihre Ursachen.

Berlin hat kein Theater-Publikum. Wer an die Fülle bei Premièren-Abenden denkt, dem mag dieser Satz paradox erscheinen. Und doch ist er richtig, soweit man den Begriff Theater-Publikum nicht eben ausschließlich auf das kleine Heer der „Premièrenfexe" und der von fieberhaftem Interesse für alle Personalien des Bühnenlebens beseelten Theaterhabitués anwenden will. Auch durch die Existenz sogenannter Kassen- und Zugstücke, die lange Wochen hindurch das Theater allabendlich füllen, darf man sich nicht irre machen lassen. Unter Theater-Publikum möchte ich eine für die dramatische Kunst warm und lebhaft sich interessirende Einwohnerschaft verstanden wissen, ein Theater-Publikum, wie es etwa in der Blüthezeit von Hellas und Rom die riesigen Schaustätten bevölkerte, an denen die Muse eines Aeschylos, Sophokles, Terenz und Plautus Siege erfocht. Der Theaterbesuch ist heute noch vielfach ein „Ereigniß" im Leben weiter Volksschichten, etwa so, wie vor Jahrzehnten, als wir noch nicht im Zeichen des Verkehrs standen, eine Kremserfahrt in's Grüne es war. Der weitaus größte Theil aller Einwohner Berlins gelangt außerordentlich selten zu einem Theaterbesuch, große Schichten der Bevölkerung kommen wohl überhaupt nicht dazu. Betrachtet man die Berliner Theater auf ihre Frequenz hin, so wird man alsbald die Wahrnehmung machen, daß durchschnittlich die Hälfte aller vorhandenen Plätze leer bleibt.

Das moderne Theater erfreut sich also gegenwärtig nicht der allgemeinen Beliebtheit, und es ist weit davon entfernt, im eigentlichen Sinne volksthümlich zu sein. Mit mehr oder weniger Gründlichkeit hat man den Ursachen nachgeforscht, aber die gefundenen Resultate befriedigen den denkenden Beobachter ebenso wenig, wie die Vorschläge es thun, die von Berufenen und Unberufenen zur Hebung und Popularisirung der modernen Schaubühnen gemacht worden sind. Man setzt sehr umständlich auseinander, daß das Theater in litterarischer und schauspielerischer Beziehung versumpft sei und daß daraus die Theilnahmslosigkeit des Publikums erwachse. Das klingt sehr plausibel, aber zu allen Zeiten hat es gute und schlechte Stücke, gute und schlechte Darsteller gegeben. Jener Hinweis ist meiner Ansicht nach kaum mehr als ein Scheingrund, der denjenigen genügen mag, die im Theater immer nur die litterarische Bildungsstätte erblicken, nicht auch den Ort einer anregenden Unterhaltung. Gewiß tragen die Repertoir- und künstlerischen Verhältnisse unserer Bühnen einen großen Theil der Schuld an dem herrschenden Zustande, ein ebenso großer Theil ist indessen anderswo zu suchen. Eine Anzahl verschiedener Umstände wirkt zusammen, die dem weitaus größten Theil unserer Bevölkerung den Besuch der sogenannten „besseren" Theater unmöglich oder doch so unerfreulich macht, daß man es vorzieht, daheim zu bleiben oder den Abend beim Bier zu verbringen oder endlich die Spezialitäten- und solche Theater aufzusuchen, die mit wahrer Kunst nichts zu thun haben. Gerade der Besuch dieser Institute hat in den letzten Jahrzehnten in kaum geahnter Weise zugenommen, und schon diese Thatsache an sich, meine ich, muß jedem zu denken geben, der den wirklichen Ursachen der vorhandenen Theatermisère nachzuforschen sich bestrebt.

Jede Zeit schafft sich ihren besonderen Inhalt, ihre Einrichtungen, Sitten, Gebräuche nach Maßgabe der geistigen und sittlichen Faktoren, die in ihr zum Ausdruck kommen. Ich kann natürlich als Laie nicht die Absicht haben, alle Fäden klar zu legen, die von der herrschenden Weltanschauung zum Theater führen. Das möge berufeneren Federn überlassen bleiben. Aber man wird nach meiner Ansicht die Entstehung der heutigen Theaterverhältnisse niemals begreifen lernen, wenn man nicht den noch keineswegs überwundenen Materialismus unserer Zeit näher in's Auge faßt.

Die Proklamirung des Materialismus hatte die Herrschaft der Technik, die Anerkennung und Bewunderung des Technisch-Mechanischen gezeitigt und damit zugleich dem krassesten Nützlichkeits-Prinzip eine allgemeine Befolgung verschafft, die in dem Satze „Nach uns die Sintfluth" ihren Ausdruck gefunden hat. Die Zeit, die solchen Prinzipien eine fast ausschließliche Herrschaft erstehen sah, konnte natürlich nicht zugleich die Zeit allgemeiner Kunstentfaltung sein. Wo das Nützlichkeits-Prinzip dominirt und allein die Technik Bewunderung findet, da kann die Luxusblume Kunst nicht erblühen. Die Technik ist meist ein Feind wahrer Kunstbestrebungen, weil sie das Individuelle erstickt und das Maschinelle großzieht, mithin das vollführt, was den Ruin jeder Kunst bedeutet. Und weil es so ist, weil alles technisch Vollkommene noch vielfach begeisterte Verehrer findet, eben deswegen sind die ernsten Theater leer — die Spezialitätenbühnen und verwandte Stätten erdrückend voll. Zu solchen Vergnügungen zieht ihre Anhänger im Grunde nichts als das auf's Höchste gesteigerte Interesse für alle Vorführungen, die weder durch Geist noch Schönheit, sondern allein durch das rein Technische und mehr oder weniger grob Mechanische verblüffen, abgesehen von Pikanterieen, die aber zu allen Zeiten ihr Publikum gefunden haben.

Die Spezialitätenbühne beansprucht von ihren Besuchern nur das Mindestmaß von Denken, von geistiger Arbeit; die meisten

Besucher wollen sich nicht noch geistig bemühen, nachdem sie tagsüber ihrem Beruf obgelegen. Sie sehen täglich Irrungen und Wirrungen, Noth und Elend genug und verzichten gern auf deren dramatische Vorführung; sie wollen angenehm unterhalten sein, aber nicht geistig arbeiten. Sie wollen vor allem Abwechselung und alles Gebotene in größter Bequemlichkeit und ohne Umstände genießen können. Diesen Forderungen kommt das Variété zum großen Theil in weitem Maße entgegen; es bietet gemäß den Empfindungen seiner Verehrer die größte Summe von Vergnügen für einen relativ geringen Preis und dies auf eine bequeme Art. Die Leiter der Spezialitätenbühnen haben eben ihre Zeit verstanden.

Erklärt sich also aus dieser Darlegung einerseits die Bevorzugung der Spezialitätentheater und verwandter Stätten, andererseits der verhältnißmäßig schwache Besuch derjenigen Schaubühnen, die der ernsten Kunst gewidmet sind, so braucht daraus nicht etwa geschlossen zu werden, daß die Darbietungen der letzteren auf das Niveau der ersteren hinabsteigen müßten, um Besucher heranzuziehen. Trotz der Werthschätzung der Variété-Vorführungen und dergl., die im Allgemeinen noch besteht, sind doch auch Anzeichen dafür vorhanden, daß der Geschmack des modernen Menschen bereits begonnen hat, sich besseren Kunstgenüssen wieder zuzuwenden. Wir befinden uns gegenwärtig in einem Stadium des Ueberganges zu einer neuen Kunstepoche. Selbst die große Menge empfindet das mehr oder weniger klar, denn der Uebergang äußert sich bereits auf solchen Gebieten, mit denen auch die breite Masse tagtäglich in Berührung kommt: in der Herstellung und Ausstattung der Wohnräume, Möbel, Gebrauchsgegenstände, in den Erzeugnissen des Buchdrucks, der Textil-, der Kunstindustrie u. s. w. Nach den unerfüllt gebliebenen Verheißungen des Materialismus ist eben allmählich eine weithin sich bemerkbar machende Ernüchterung eingetreten. Heute wird nicht mehr ganz die strenge Wahrheit gefordert wie ehedem, weder in der Malerei noch in der Litteratur noch in anderen Künsten. Die auf's Höchste entwickelte

Technik allein befriedigt heute nicht mehr, Gemüth und Phantasie wollen auch wieder theilnehmen an der Tafel der Kunstgenüsse. Die Verehrung und Bewunderung der bloßen Mache, des rein Technischen fängt an, mehr und mehr zu schwinden. Dem Realismus mischt sich wieder eine Dosis Idealismus bei.

Es gilt nun für die Leiter der ernsten Theater, diese Uebergangszeit zu benutzen und beide bis zu einem gewissen Grade sich bekämpfenden Richtungen zu versöhnen. <u>Die Schaubühnen der Gegenwart entsprechen den Anforderungen nicht</u>, die man im Interesse des großen Publikums stellen muß. Sie machen selbst in ihren Einrichtungen, in ihrer Organisation dem hierin verwöhnten Publikum der Gegenwart keinerlei Concessionen. Alles geht im alten Geleise weiter; aus den technischen Errungenschaften der Neuzeit haben die gegenwärtigen Theaterleiter wenig oder gar nichts gelernt; sie haben eben die Zeichen der Zeit nicht zu deuten gewußt. Gewiß dürfen sie in ihren Darbietungen nicht denen der Variétés sich nähern, aber sie sollten wenigstens das heute Erreichbare in Bezug auf Bequemlichkeit dem Publikum bieten. Doch auch in Betreff der künstlerischen Darbietungen könnte den Zeitverhältnissen besser Rechnung getragen und den Theaterbesuchern weit mehr entgegengekommen werden, als es jetzt geschieht. Die große Masse des Volkes verlangt nichts Unerfüllbares. Mit den sogenannten „kleinen Preisen" und „volksthümlichen Vorstellungen" allein ist ihm freilich nicht gedient. Auch das breite Publikum will Erzeugnisse der modernen Kunst kennen lernen, indessen solche, die es versteht und die ihm, wenn nicht Belehrung, so doch Unterhaltung bieten. Es sieht Vorstellungen, die man offiziell als „volksthümliche" bezeichnet, nicht immer „für voll" an und steht ihnen deshalb voreingenommen gegenüber. Gerade in diesem Punkt ist das Publikum außerordentlich empfindlich; es verträgt nicht, gleichsam mit „zweiter Garnitur" abgespeist zu werden. Auch die wohlmeinendste und uneigennützigste Absicht wird darum gewöhnlich verkannt. Der

Menschenfreund mag darüber jammern; wer das Theaterwesen heben will, muß aber mit dieser Thatsache als einem der wichtigsten Faktoren rechnen. Aus all' diesen Gründen ist der Zusammenstellung des Repertoirs eine intensive Beachtung zu widmen, ja geradezu ein eifriges Studium.

Wird die gegenwärtige Periode des Ueberganges in der richtigen Weise wahrgenommen, dann kann die Umgestaltung des Berliner Bühnenwesens keine unüberwindlichen Schwierigkeiten bieten; dann muß es möglich sein, ein großes theaterfreudiges Publikum heranzuziehen, selbst aus der Menge derer, die heute dem Theater noch völlig fern stehen.

Ein Weg zur Abhilfe.

I.

Um ein wirkliches Theaterpublikum zu bilden, um die Schaubühne im besten Sinne volksthümlich zu machen, ist meiner Ansicht nach die erste Forderung:

Der Spielplan muß nach Gesichtspunkten zusammengestellt werden, die auch auf das Vergnügungs- und Bildungsbedürfniß und das Verständniß der breiten Massen des Volkes Rücksicht nehmen, nicht blos auf den Geschmack der „oberen Zehntausend"; er muß überdies abwechselungsreicher gestaltet werden.

Die heutigen ernsten Theater bieten zwar demjenigen Publikum, das auf bestimmte Richtungen eingeschworen ist, vielerlei, dem Mittelstande und dem sogenannten „kleinen Mann" jedoch so gut wie gar nichts. Viele der modernen Dramen sind dem Verständniß breiter Schichten weit entrückt, und schon aus diesem Grunde können sie diesen kein Vergnügen bereiten und ihrem Bildungsbedürfniß nichts entgegenbringen. Für die Pikanterieen und die psychologischen Fragen der Sittenkomödien und Ehebruchsdramen, mit denen das Ausland uns meist versorgt, fehlt der Menge vielfach ebenfalls das Verständniß, da sie in diesen Produkten fremden Geistes weder ihre eigene Empfindung noch ihre Anschauung wiederfindet. Summa summarum: <u>Das Durchschnitts-Publikum vermißt im Theater meist das, was es bewußt oder auch unbewußt dort sucht.</u>

Andere Kreise wieder hält die Eintönigkeit des heutigen Spielplans vom Besuche vielfach zurück. Das klingt manchem vielleicht paradox, aber es ist Thatsache. Theater mit wirklich wechselndem Programm giebt es in Berlin kaum zwei oder drei. Dies erklärt sich daraus, daß, wenn einmal ein Stück gefällt, es Monate lang über die Bühne geschleppt wird. Will gar der Zufall, daß zwei oder drei Theater in Berlin zu gleicher Zeit „Zugstücke" haben, dann bleibt für denjenigen, der diese Stücke bereits kennen gelernt hat, während langer Wochen, ja Monate nichts übrig, als Schaubühnen von mehr oder weniger zweifelhafter Qualität zu besuchen. Selbst des begeistertsten Theaterfreundes Eifer muß unter solchen Umständen bald erlahmen. Es ist daher kein Wunder, wenn trotz des an Theater-Anzeigen so reichen Inhalts der Vergnügungs-Inserate der Theaterfreund mitten in der Saison zu dem merkwürdigen Urtheil gelangt: „Es ist nichts los in Berlin".

Meine zweite, ebenso wichtige Forderung wäre:

Die Eintrittspreise müssen ganz wesentlich verbilligt, der Billet-Bezug vereinfacht werden; die Nebenabgaben müssen ganz fortfallen.

Da heutzutage mehr als in früheren Zeitperioden alles billig zu erlangen sein soll, insbesondere die Theilnahme an Vergnügungen aller Art, so können schon aus diesem Grunde die gegenwärtigen Theater auf einen allgemeinen Besuch nicht rechnen.

Wieviel Familienväter dürfen denn an einen regelmäßigen Theaterbesuch denken, wenn ihnen pro Abend eine Ausgabe von fünf bis zehn Mark und mehr bevorsteht? Der Mittelstand, die breite Masse des Volkes, auch Gelehrte, Künstler und eine Reihe anderer „studirter" Leute können sich solche Ausgaben nicht gestatten, die sogenannten „kleinen Leute" erst recht nicht. Für alle diese müssen Eintrittspreise möglich gemacht werden, die nur einen Bruchtheil der bisherigen betragen.

Dazu tritt die heute übliche, höchst <u>unbequeme Art des Theaterbillet-Bezuges</u>. Will man nicht Abends an der Kasse lange warten und mit einem schlechten Platze vorlieb nehmen, oder gar, wenn zufällig ein Stück „zieht", unverrichteter Sache zurückkehren, dann ist man gezwungen, einen Dienstboten während der besten Vormittagsstunden zu dem für die Meisten weit entfernt liegenden Theater nach Billets zu schicken. Das bedeutet, abgesehen von den zu entrichtenden Vorverkaufs-Gebühren, für viele Haushaltungen eine überaus empfindliche Störung und eine Mehrausgabe für Pferdebahnen oder sonstige Fahrgelegenheiten, die nicht unerheblich mitspricht. Durch diese umständliche und kostspielige Art des Billetbezuges wird manchem der Theaterbesuch verleidet.

Meine dritte Forderung betrifft die technische oder „äußere" Umgestaltung des Theaters; sie lautet:

Die bauliche Anordnung der Theater muß eine andere, zweckentsprechendere sein. Es muß eine durchgreifende Organisation des gesammten Betriebes geschaffen werden, einschließlich allen Zubehörs, wie Restauration, Garderobe, Wagenverkehr etc.

Wie nothwendig die Aenderung vielleicht nebensächlich scheinender Einrichtungen der heutigen Theater ist, wird dem sofort klar werden, der die bestehenden auf ihre Verbesserungsfähigkeit prüft. Da ist z. B. der Zuschauerraum. Es steht fest, daß es heutzutage noch in den meisten Theatern viele Plätze giebt, von denen aus gutes Sehen und Hören unmöglich ist. Das bezieht sich insbesondere auch auf die Logenplätze. Ferner wird nicht bestritten werden, daß die Leerung des Theaterraums viel zu langsam vor sich geht, weil die Parquet- und Logen-Ausgänge nicht genügen, ein Uebelstand, der im Falle einer Katastrophe schon oft verhängnißvoll geworden ist. Ebenso wenig ausreichend sind die Vorrichtungen zur Regelung der Temperatur und Einführung guter Luft. Demnach ergiebt sich die Nothwendigkeit wesentlicher Veränderungen des Zuschauerraums und der ganzen bautechnischen Anlage der Ein- und Ausgänge zu resp. von den Plätzen und Treppen, einschließlich der Ventilationsvorrichtungen.

Wenn das Theater-Restaurationswesen heute an hohen Preisen und theilweise an schlechter Qualität des Gebotenen krankt, so muß eben nothwendigerweise auch hier Wandel geschaffen werden, abgesehen von den nöthigen Maßnahmen, die die fabelhaften Unbequemlichkeiten bei Verabreichung von Speisen und Getränken an den umlagerten Theater-Buffets beseitigen sollen. Wenn ferner heute noch die Garderoben-Frage nicht gelöst ist, so weist dies auf die Nothwendigkeit hin, das „Garderoben-Wesen" nach den Grundsätzen der absoluten Bequemlichkeit, Schnelligkeit und Unentgeltlichkeit von Grund auf umzugestalten.

Für Viele nicht weniger unangenehm als die oben berührten Punkte ist die heute übliche Beförderung zum und vom Theater; sie bedeutet für jeden, der auf einige Bequemlichkeit Anspruch erhebt, die Ursache fortwährender Verstimmung. In einem Anhang zu dieser Schrift werde ich auch für die Behebung dieser Mißstände ganz bestimmte Vorschläge machen, die eine vollständige Umwälzung der Art des Wagenverkehrs nach und von dem Theater zum Zweck haben soll.

Die Forderung einer durchgreifenden Organisation mag manchem vielleicht, als auf Aeußerlichkeiten beruhend, zu kleinlich erscheinen. Wer das meint, hat die Bedeutung und den Werth des modernen Begriffes „Organisation" im Allgemeinen nicht richtig erkannt. Wo blieben wohl unsere großen industriellen und kommerziellen Unternehmungen ohne die auf die modernen technischen Errungenschaften basirte, bis in die kleinste Einzelheit gehende Organisation? Sie ist für manches Unternehmen geradezu Lebensbedingung, und viele jetzt blühende Institute verdanken ihr in erster Linie Emporkommen und Ansehen. Daß es gerade auf dem Gebiete der Theater-Organisation so bedenklich schlecht bestellt ist, kann im Grunde nicht sonderlich auffallen. Die Direktoren sind vielfach Künstlernaturen, weniger Verwaltungstalente; sie betrachten als ihre eigentliche Aufgabe die Auswahl und Einstudirung der Stücke und die Anwerbung des Künstlerpersonals, während sie den Werth einer guten Organisation zu gering anschlagen.

Ich behalte mir vor, in dem bereits erwähnten Anhang auf alle anderen bautechnischen und organisatorischen Veränderungen, die ich anrege, im Einzelnen einzugehen. Hier sollen zunächst nur die allgemeinen Gesichtspunkte entwickelt werden.

II.

Wenn ich als Endergebniß meiner bisherigen Ausführungen drei Forderungen aufstellte, von deren Erfüllung ich mir die Besserung unseres Theaterwesens verspreche, so geschah das, wie ich gern zugebe, ohne Würdigung des Umstandes, daß die Einnahmen aus dem Theater die Ausgaben decken oder vielleicht gar übersteigen müssen. Ich bin mir vollkommen bewußt, daß jene Forderungen niemals ganz erfüllt werden können, so lange man die Theater lediglich als geschäftliche Unternehmungen betrachtet.

Der ganze Charakter der heutigen Theater wird durch ihre Eigenschaft als Privatinstitute, die ihren Besitzern Geld einbringen sollen, bestimmt. Nach der Geschmacksrichtung einer verhältnißmäßig kleinen Gemeinde von Interessenten werden die modernen Bühnen geleitet. Was auch immer an Unzuträglichkeiten im Repertoirwesen mit lautem Lamento beklagt wird, das ist auf das Conto des privaten, geschäftlichen Charakters unserer Schaubühnen zu setzen. Nur wenn die Theater keine geschäftlichen Unternehmungen mehr sind, kann meines Erachtens eine durchgreifende Wandlung herbeigeführt werden. Die Theater müssen also losgelöst werden von allen pekuniären Interessen, losgelöst in ebenso weitem Maße, wie etwa öffentliche Bibliotheken, städtische und staatliche Schulen, Volksbäder und dergl. es sind. Ihre Existenzfähigkeit auf breiter und doch vornehmer künstlerischer Basis muß die Hauptsache sein. Die Frage des pekuniären Gewinnes hat zurückzutreten. Somit darf nicht ein spekulativer Millionär sie errichten, nicht ein finanzkräftiges Konsortium, das auf hohe Dividenden erpicht ist, sondern

die Stadt Berlin muß die Theater bauen und in eigene Verwaltung nehmen.

Berücksichtigt man, was alles in andern Ländern und Städten für die Pflege des Theaters geschieht, dann wird man alsbald erkennen, daß Berlin dagegen weit zurücksteht. Die ungarische Nationaloper in Pest z. B. hat eine staatliche Subvention von 500,000 Gulden; sie genießt bei der Bevölkerung ein solches Ansehen, daß sie gewissermaßen eine Art Nationalheiligthum bedeutet, zu deſſen Bau die Bürger und Bürgerinnen einſt ſelbſt die Steine in Geſtalt von Geldſpenden, Stiftungen ꝛc. herbeigetragen haben. Aber ſelbſt in deutſchen Städten hat man Berlin gegenüber einen großen Vorſprung erreicht. Wohin wir auch im Deutſchen Reiche unſere Blicke wenden, faſt jede größere Stadt hat ihr „Stadt-Theater", erbaut aus den Mitteln des Stadtſäckels. Mit beſonderem Stolz pflegt man in dieſen Städten gerade das Theater als vornehme Bildungsſtätte zu rühmen . . Und in Berlin?! Millionen über Millionen macht man in unſerer ſchönen Metropole für allerlei gemeinnützige Anſtalten der verſchiedenſten Art flüſſig, um für die Ausbildung des Geiſtes und des Körpers zu ſorgen, nur für das Theater hatte und hat man bisher nicht einen Pfennig übrig, nur an die Stätten, die jede große und mittlere Provinzialſtadt als beſonders ſtolze Wahrzeichen ſtadtväterlicher Fürſorge betrachtet, dachte bisher noch kein Vertreter der Stadtgemeinde. Es iſt doch kein zu weitgehender Wunſch, keine unberechtigte Forderung, wenn ich ſage: <u>Berlin in erſter Reihe</u> von allen deutſchen Städten hat die heilige Pflicht, für eine ernſte, würdige Pflege der Bühnenkunſt, für eine in dieſem Rahmen gehaltene Ausgeſtaltung des Theaters zu ſorgen! Nicht nur bauen ſoll die Stadt Berlin die Theater, ſie ſoll auch für die Erhaltung, für die materielle und künſtleriſche Förderung der Kunſtinſtitute Sorge tragen, indem ſie ſelbſt den geſammten Theaterbetrieb in eigene Verwaltung nimmt. Keinem Privatmann, keiner Aktiengeſellſchaft iſt es gegeben, diejenigen Forderungen auch nur annähernd zu erfüllen, die ich an die von mir gedachten Bühnen ſtelle. Der Gewinn ſoll eben lediglich idealer Natur ſein, genau ſo, wie dies von öffentlichen Inſtituten gilt, ohne die heutzutage kein geordnetes Gemeinweſen beſtehen kann. Es bedeutet für die Großſtadt Berlin doch gewiß einen unwürdigen Zuſtand, wenn der weitaus größte Theil ihrer Einwohner nur vielleicht alle Jahre einmal ein beſſeres Theater beſuchen kann. Iſt es nicht eine

Aufgabe, „des Schweißes der Edlen werth", gerade jene Kreise den besseren theatralischen Genüssen zuzuführen, in ihnen die Liebe zum Theater, den Sinn und das Empfinden für die wahre Kunst zu wecken, Kreise, die jetzt Vergnügen und Unterhaltung solcher Art suchen, bei der jeder veredelnde Einfluß auf Herz und Gemüth, jede erziehliche und bildende Einwirkung völlig ausgeschlossen ist? <u>Eine echte Volksbühne kann nur die Vertretung der Bürgerschaft begründen und erhalten; dieser Erkenntniß kann und darf man sich in Berlin nicht länger verschließen,</u> und darauf baue und hoffe ich, wenn ich meine Vorschläge hier weiter entwickle.

Es wird nicht an Stimmen fehlen, die sich gegen die Gründung von städtischen Theatern aussprechen. Mancherlei läßt sich dagegen sagen, in erster Linie, daß die Maschinerie zu schwerfällig und zu theuer arbeite, und vor allem, daß die Einzelnen mit Steuern zu sehr belastet werden würden. Was den ersten Punkt betrifft, so meine ich, daß dem schon so gewaltigen städtischen Apparat ohne Schaden genügend Persönlichkeiten zugesellt werden könnten, die nicht nur Verständniß für die Theater, sondern auch den nöthigen Ernst und Eifer besitzen. Und was den Kostenpunkt betrifft, so kann und darf dieser nicht den Ausschlag geben, wo es sich um eine für große Schichten der Bevölkerung so eminent wichtige Angelegenheit handelt. Die Mehrbelastung an Steuern kann um so weniger eine erhebliche Rolle spielen, als durch Einrichtung von Theatern in der Art und Anzahl, wie weiter unten angeführt wird, der Fremdenverkehr in Berlin sich gewiß bedeutend heben würde, was einem großen Theil seiner Einwohner wieder zu Gute käme. Nach den Worten des Kaisers soll Berlin „die schönste Stadt der Welt" werden. Nun, die Lösung der Theaterfrage würde mit dazu beitragen, diese Worte in Erfüllung gehen zu lassen.

Von anderer Seite wird vielleicht der Einwand erhoben werden, daß wir Hoftheater in Berlin haben, die doch auch nicht ein Unternehmen privaten Spekulationsgeistes sind. Zugegeben. Aber die Hoftheater sind keineswegs im Stande, alle diejenigen Aufgaben zu erfüllen, die ich mit den in meinem Sinne organisirten Theatern lösen zu können glaube. Die so große und rühmenswerthe Liberalität unseres kunstsinnigen Monarchen, der aus seiner Privat-Schatulle den Königlichen Kunst-Instituten beisteht, befreit die Intendantur doch nicht von der Verpflichtung, bei der Verwaltung der Theater von fiskalischen Erwägungen sich leiten zu lassen. Die Eintrittspreise der Hoftheater werden sich stets auf einer erheblichen Höhe halten. Es wird ferner den Hoftheatern niemals möglich sein, im Repertoir den Bedürfnissen des großen Publikums so entgegenzukommen, wie es in seinem Interesse gefordert werden muß.

Auch die bestehenden Privattheater würden unter den geplanten Neuerungen ebenso wenig zu leiden haben, wie etwa die Hoftheater. Einerseits würde eben die Vergrößerung der Berliner Theatergemeinde auch ihnen zu Gute kommen, andererseits würden sie zweifellos dasjenige Publikum, dessen Geschmack und Liebhabereien nicht nach großen, allgemeinen Gesichtspunkten zu befriedigen sind, behalten. Es wird stets ein kleines Publikum geben, das Bühnen besucht, die ganz nach seiner Laune und seinem Geschmack geleitet werden, die den „Premièrentigern" und den „Habitués" erlesene Genüsse bieten, die für etwas Aufregung sorgen und theatralische Darbietungen mit pikantem Beigeschmack wählen.

III.

Für die Verbreitung der Theaterfreudigkeit in den großen Massen der Reichshauptstadt ist es meines Erachtens nothwendig, daß man der Bevölkerung die Theilnahme am Theatergenuß so bequem wie möglich macht. Jedes Stadtviertel muß einen eigenen Kunsttempel erhalten, damit den Besuchern lange Wege, Fahrkosten und Zeit möglichst erspart werden. Zu klein, um für ein Theater das erforderliche Publikum abzugeben, ist im Hinblick auf die Dichtigkeit der Bevölkerung gewiß keiner der Stadtbezirke. Ich meine daher am zweckmäßigsten vier Stadttheater vorschlagen zu sollen, und zwar je eins für den Norden, Süden, Osten und Westen der Stadt. Ihre Namen könnten sein:

Nördliches Stadttheater
Südliches „
Östliches „
Westliches „

Jedes dieser Theater soll ca. 1800 Plätze enthalten, also ein Theater mittlerer Größe sein. Die Praxis hat ergeben, daß ein gar zu großer Theaterraum für ein künstlerisch fein abgetöntes Spiel von Nachtheil ist, weil die Darsteller, um überall verständlich zu sein, unnatürlich laut sprechen müssen.

Was nun den künstlerischen Charakter der neuen Theater betrifft, so kann nicht stark genug betont werden, daß es durchaus erstklassige Kunstinstitute sein sollen. Trotz geringer Eintrittspreise — von denen weiter unten die Rede sein wird —

soll selbst der verwöhnteste großstädtische Theaterbesucher in den neuen Musentempeln nicht Theater erblicken können, die seiner Beachtung zu gering wären.

Ein Geist und ein Wille soll diese vier Bühnen leiten. Der Oberleitung des General-Direktors unterstehen als ausführende Organe vier Direktoren, deren Thätigkeit ungefähr derjenigen der sogenannten Oberregisseure an unseren Privatbühnen entspricht. Natürlich müssen zur obersten Leitung nur Persönlichkeiten gewählt werden, die in künstlerischer und organisatorischer Beziehung kraft ihrer Vergangenheit die besten Garantieen bieten.

Ein auserlesenes Künstlerpersonal muß an den vier Stadttheatern wirken. Wenn heutzutage ein neues sogenanntes „Volkstheater" gegründet wird, dann heißt es in Betreff der künstlerischen Kräfte in den beredten Vorankündigungen meist: „Wir wollen kein Star-System, nicht ein Personal, in dem einige ‚berühmte' Namen glänzen, die sich dann in den öffentlichen Aufführungen auf Kosten der Anderen, meist mittelmäßiger Darsteller, hervordrängen. Wir wollen ein gut geschultes Ensemble einer leistungsfähigen Künstlerschaar, das nicht durch einzelne hervorragende, glänzende Künstler besticht, sondern ein tüchtiges Zusammenspiel guter Schauspieler bietet." Das liest sich ganz schön, hat aber in der Praxis nur mittelmäßige Aufführungen gezeitigt, in denen zwar wirklich kein sogenannter „Star" glänzte, „gute Schauspieler" aber leider ebensowenig sich angenehm bemerkbar machten. Gleichviel, ob Stars oder nicht, auf die Gewinnung und Erhaltung ausgezeichneter Kräfte muß das Augenmerk gerichtet sein. Die Mittelmäßigkeit ist der Feind jedes großen Erfolges.

Möglichst das gesammte Künstlerpersonal soll pensionsberechtigt sein, wie es an einer Reihe von Hof- und Stadttheatern längst der Fall ist.

Die Stadttheater nehmen alles in eigene Verwaltung, auch den Betrieb der Restauration, der Garderobe, die Herstellung und Abgabe der Theaterzettel. Für die Theater-Restauration wird ein Oekonom angestellt, wie das vielfach von Vereinigungen, die über eigene Gesellschaftshäuser verfügen, geschieht. Der Oekonom erhält lediglich Prozente vom Umsatz; er hat somit wohl Interesse an der Höhe des Umsatzes, nicht aber daran, einen möglichst hohen Gewinn aus den einzelnen Speisen und Getränken zu erzielen, was häufig nur auf Kosten ihrer Beschaffenheit geschieht.

* * *

Wenn entsprechend diesen meinen Anregungen die Theater in städtische Verwaltung genommen sein werden, dann erst ist die Erfüllung der eingangs von mir aufgestellten drei Hauptpunkte ohne Schwierigkeiten möglich. In den folgenden Kapiteln soll die Art ihrer Durchführung, wie sie mir vorschwebt, näher behandelt werden.

Das Repertoir.

IV.

Alle sonstigen Umwälzungen des Theaterwesens führen, wie ich schon angedeutet habe, nicht zum Ziele, wenn man nicht auch den Spielplan der Theater einer gründlichen Aenderung unterwirft. Hierbei kommen, meines Erachtens, gemäß den bisherigen Ausführungen folgende Forderungen in Betracht: Abwechselungsreiches Repertoir, strikte Verbannung der Zote und der Pikanterie, Heranziehung solcher älterer und moderner Werke, von denen die Theaterleitung annehmen kann, daß sie dem großen Publikum verstänblich sind.

Der Spielplan der vier Stadttheater muß nach dem Grundsatze zusammengestellt werden, daß er sowohl den besseren Geschmack befriedigt als auch geeignet ist, in dem naiveren Zuschauer, dem das Theater gewissermaßen noch etwas Neues bedeutet, das Interesse dafür zu erwecken und rege zu halten.

Alle Gattungen von Stücken sollen daher zu Worte kommen: Oper, Spieloper, klassisches Drama, Lustspiel, Ausstattungsstück, Posse, Volksstück und Schauspiel. Die vier Theater sollen volksthümlich im echten und besten Sinne sein; daher müssen sie in ihren künstlerischen Leistungen vor allem sich freihalten von jedem litterarischen Cliquenwesen. Nichtsdestoweniger sollen Erst-Aufführungen neuer Stücke veranstaltet werden, jedoch in einer Weise, die eine gerechte Würdigung des Gebotenen nach Möglichkeit gegewährleistet. Die Entscheidung über Tod und Leben eines neuen dramatischen Werkes soll in die Hände eines Publikums gelegt werden, das sich aus allen Schichten der Bevölkerung zusammensetzt, nicht aus Anhängern einer bestimmten Richtung oder Clique. Das wird meiner Ansicht nach in folgender Weise erreicht werden: Zu jeder Première der gedachten Art, die ich gewissermaßen als „Probe-Première" bezeichnen möchte, weil es erst von ihrem Ausfall abhängt, ob die betreffenden Werke in das ständige Repertoir der vier Stadttheater aufgenommen werden, ist der Zutritt frei, jedoch sollen nur Abonnenten, von denen späterhin die Rede sein wird, als „Premièren-Publikum" für die Erst-Aufführungen in Frage kommen. Die Reflektanten haben sich einige Tage vor der Aufführung zu melden. Aus der voraussichtlich großen Zahl der Meldungen werden dann durch Ausloosung, entsprechend den zur Verfügung stehenden Plätzen, die Premièrentheilnehmer bestimmt. Aber nicht nur in einem, in allen vier Stadttheatern kommt das neue Stück in gleicher Weise und vor einem auf gleiche Art gewonnenen Publikum auf die Bühne, weil in jedem Stadtviertel anders empfindende Theaterbesucher wohnen. Auf diese Weise wird die kunstverständige Leitung der Theater (bestehend aus dem General-Direktor, den vier Direktoren und den dramaturgischen Beiräthen), die jeder Erstaufführung vollzählig beiwohnen muß, im Stande sein, sich aus der Gesammtstimmung des Publikums der vier Theater ein Urtheil zu bilden. Sie wird sozusagen nach einem „Volksurtheil" für die Annahme oder Ablehnung der Stücke sich entscheiden können.

Ich bin mir vollkommen der Einwendungen bewußt, denen dieser neue Modus begegnen wird. In erster Linie wird man darauf hinweisen, daß „Freigäste" stets geneigt sein werden, das Gebotene zu loben, daß ferner der „Unverstand der großen Menge" in Fragen der Kunst nicht das Richtige zu treffen vermöge. Was den ersten Punkt betrifft, so habe ich die Meinung, daß das große Publikum, wenn es erst einmal die ihm hier zuertheilte Rolle begriffen hat, es als Ehrensache betrachten wird, sein Urtheil durchaus unparteiisch und nach bestem Können abzugeben. Was aber die Verständnißlosigkeit der Menge betrifft, so mag nur daran erinnert sein, daß das Sachverständniß vieler berufsmäßigen Kritiker und das zumeist eingebildete des „Premièrenpublikums" durch das Ueberwuchern des mehrfach betonten Cliquen- und Richtung-Wesens stark beeinträchtigt wird. Das große Publikum hat ein Recht darauf, gerade das zu erhalten, was ihm konvenirt — es soll und darf nicht von einer verhältnißmäßig kleinen Zahl „Premièrenfexe", denen das Gefühl für das, was der Menge zusagt, nicht eigen ist, vergewaltigt werden.

Bei der praktischen Durchführung und Eintheilung des Spielplans ist vor allen Dingen der Umstand zu berücksichtigen, daß — da alle Gattungen von Stücken zur Aufführung gelangen sollen — ein großes Künstlerpersonal nöthig wird. Das ist um so mehr erforderlich, als, wie ich vorschlage, täglich neben den üblichen Abend-Vorstellungen Nachmittags-Vorstellungen gegeben werden.

Aus diesem Grunde müssen für jede Hauptrolle zwei gleich gute Kräfte vorhanden sein.

Für die Nachmittags-Vorstellungen kommt ein breiteres Publikum in Frage, als der Leser vielleicht annimmt. Da ist zuerst das Vorort-Publikum. Abendvorstellungen zu besuchen, ist diesem der späten Rückkehr und der mangelhaften Zugverbindungen wegen vielfach nicht möglich. Es giebt ferner eine große Anzahl von Beamten, die bestimmte „freie Tage" resp. Nachmittage hat, des Abends aber im Dienst sein muß. Eine Kategorie anderer Beamten wieder, die bis spät in den Abend hinein zu arbeiten hat, will nach des Tages Last die Familie am heimischen Herde beisammen sehen; die Frauen und Angehörigen dieser Beamten kommen also nicht dazu, Abends das Theater zu besuchen, Nachmittags dagegen könnten sie es. Außerdem giebt es viele Personen, die nur deshalb kein Theater besuchen mögen, weil es ihnen zu unbequem ist, spät in der Nacht sich nach Hause zu begeben. Alle diese Leute würden für Nachmittags-Vorstellungen, wie ich sie plane, zu gewinnen sein — für die heute üblichen freilich nicht, denn auf diesen lastet das Odium der Minderwerthigkeit, der „zweiten Garnitur". Die beabsichtigten dagegen sollen den Abend-Vorstellungen in keiner Beziehung nachstehen. Eben deswegen, meine ich, kann man auf einen großen Erfolg der Nachmittags-Vorstellungen rechnen. Als weiteres Publikum für diese Aufführungen kommen übrigens auch Schüler in Betracht, soweit das jeweils Gebotene für sie passend erscheint.

Ueberhaupt würde es zweckmäßig sein, von Zeit zu Zeit besondere Schüler-Vorstellungen zu wesentlich erleichterten Bedingungen zu geben.

Die nachfolgende Aufstellung zeigt, nach welchem System der Spielplan für die vier Theater betreffs Gattung und Reihenfolge der Aufführungen, sowie Anzahl der Vorstellungen desselben Stückes gedacht ist.

Die zu gebenden Stücke sind durch die Buchstaben A, B, C, D, E, F, G, H markirt.

Nördliches Stadttheater:

Nachmittags-Vorstellung:	Abend-Vorstellung:
Vom 1. bis 7. Januar Spieloper A.	Große Oper E.
„ 8. „ 14. „ Klassisches Drama B.	Posse F.
„ 15. „ 21. „ Ausstattungsstück C.	Schauspiel G.
„ 22. „ 28. „ Volksstück D.	Lustspiel H.

Südliches Stadttheater:

Nachmittags-Vorstellung:	Abend-Vorstellung:
Vom 1. bis 7. Januar Posse F.	Klassisches Drama B.
„ 8. „ 14. „ Schauspiel G.	Ausstattungsstück C.
„ 15. „ 21. „ Lustspiel H.	Volksstück D.
„ 22. „ 28. „ Große Oper E.	Spieloper A.

Östliches Stadttheater:

Nachmittags-Vorstellung:	Abend-Vorstellung:
Vom 1. bis 7. Januar Schauspiel G.	Ausstattungsstück C.
„ 8. „ 14. „ Lustspiel H.	Volksstück D.
„ 15. „ 21. „ Große Oper E.	Spieloper A.
„ 22. „ 28. „ Posse F.	Klassisches Drama B.

Westliches Stadttheater:

Nachmittags-Vorstellung:	Abend-Vorstellung:
Vom 1. bis 7. Januar Volksstück D.	Lustspiel H.
„ 8. „ 14. „ Spieloper A.	Große Oper E.
„ 15. „ 21. „ Klassisches Drama B.	Posse F.
„ 22. „ 28. „ Ausstattungsstück C.	Schauspiel G.

Nach obigem System wird jedes einzelne Stück an jedem der vier Theater siebenmal hintereinander gegeben. Ferner ist aus dem Entwurf zu erkennen, daß jedes der vier Theater innerhalb vier Wochen abwechselnd immer eine Woche hindurch eine große Oper, eine Spieloper, ein klassisches Drama, ein Lustspiel, ein Ausstattungsstück, eine Posse, ein Volksstück und ein Schauspiel giebt. Das gesammte für die vier Theater engagirte Künstlerpersonal bringt also in einem Turnus von vier Wochen an jedem der vier Stadttheater dieselben acht Stücke zur Aufführung.

Die aufgeführten Werke werden an jeder der vier Bühnen möglichst von denselben Künstlern, mit derselben Ausstattung, kurz, in genau derselben Form dargestellt. Da nun jedes Werk 28 Tage hintereinander auf dem Spielplan bleibt, so ergiebt sich für die Leitung und das Personal die Möglichkeit, jede Vorstellung mit größter Sorgfalt, mit der nöthigen Muße und künstlerischen Gewissenhaftigkeit einzustudiren. Auf vier Wochen ist der Theaterleiter betreffs des Repertoirs gesichert.

Das Publikum findet die wünschenswerthe Abwechselung im Repertoir, weil an jedem der vier Theater wöchentlich zwei (Nachmittags und Abends) bisher dort nicht gegebene Stücke zur Aufführung gelangen.

Besondere Anlässe werden es hin und wieder zweckmäßig erscheinen lassen, bestimmte Vorstellungen einmal oder mehrere Male an allen vier Theatern oder an einem Theater aufzuführen. Das ist selbstverständlich eine zulässige Ausnahme von dem System des Spielplans; für solche Vorstellungen gelten dann die Abonnements, auf die ich noch zu sprechen kommen werde, als aufgehoben.

Auch die Dauer der Spielsaison wird eine Aenderung erfahren. Die Theater sollen nicht sämmtlich in den Sommer-Monaten geschlossen werden, sondern es wechseln in der Ferienzeit je zwei Theater miteinander ab. Während also die Hälfte des gesammten Theaterpersonals spielt, geht die andere Hälfte vier bis sechs Wochen in die Ferien. Daß den ganzen Sommer hindurch Theater besucht werden können, scheint mir im Hinblick auf den Fremdenverkehr und denjenigen Theil der Bevölkerung, der keine Zeit und Mittel hat, Ferienreisen zu unternehmen, bringend geboten. Dieser Ferienmodus ist auch insofern von Bedeutung, als er den Theaterdirektoren den Abschluß von Jahreskontrakten mit allen Künstlern erleichtert.

Ein Punkt sei hier noch besonders erwähnt: Das ist die vielumstrittene Zwischenakts-Musik. Entgegen der vielfach verbreiteten Meinung, daß die Musik bei Aufführung klassischer Stücke, ja sämmtlicher gesangsloser Komödien gewissermaßen „unvornehm" sei — bei den Privat-Theater-Leitern bedeutet allerdings die praktische Ausnutzung dieser Ansicht eine sehr erhebliche Geldersparniß — stehe ich auf dem Standpunkte, daß gerade die Musik für das Empfinden des Volkes ein vom Theater ganz untrennbarer Begriff ist. Nicht nur bereitet die Musik die Seele zum künstlerisch dramatischen Genusse vor, sie schlägt auch von Akt zu Akt gewissermaßen die Brücke aus dem Reiche der brutalen Alltäglichkeit in das Reich der Illusion. Das Räuspern und Schnauben und das Stimmengewirr im Zuschauerraum vor dem Beginn jedes Aktes ist doch wahrlich keine Symphonie, die geeignet wäre, „die richtige Stimmung" zu erzeugen. Ich schlage also unbedingt Zwischenaktsmusik vor und will diese sogar derart erweitert wissen, daß — unter selbstverständlicher Ausnahme der Opernvorstellungen — das Orchester vor der Vorstellung und während einer großen Pause, von der noch die Rede sein wird, auch im Foyer konzertirt.

Die Eintrittspreise.

Wie aus den bisherigen Ausführungen zu entnehmen war, denke ich nicht daran, „billige Volkstheater" zu errichten. Die neuen Theater sollen vielmehr, wie bereits betont, erstklassige

Kunstinstitute, und doch sollen die Eintrittspreise niebrig sein. Dies glaube ich u. A. auch dadurch zu erreichen, daß die Theater im Wesentlichen als Abonnementstheater gedacht sind, d. h. also, diese Theater rechnen auf solche Besucher, die im Voraus sich verpflichtet haben, für bestimmte Tage der Woche bestimmte Plätze zu nehmen.

Um dem Publikum das Abonniren so viel wie möglich zu erleichtern, sollen Abonnements auf kurze Dauer, selbst für nur einen Monat, angenommen werden. Die Abonnements werden stets für den gleichen Tag der Woche ausgegeben, so daß der Inhaber in einem Turnus von sieben Tagen einmal an die Reihe kommt. Man kann, außerordentlich gute Aufführungen vorausgesetzt, infolge dieser Abonnements-Einrichtung, sofern die Eintrittspreise gering, d. h. wesentlich niebriger gestellt sind als die gegenwärtig bestehenden, wohl stets ein volles Haus erwarten. Der Abonnent lernt bei jedem Besuch seines Theaters ein dort bisher nicht gegebenes Stück kennen; er hat stets Abwechslung, wie bereits angeführt wurde. In den gegenwärtigen Theatern werden die Abonnements-Einrichtungen zu nebensächlich behandelt.

Als Norm für den Abonnementspreis schlage ich 1 Mark für den Parquetplatz vor. Nichtabonnenten zahlen für alle abonnirbaren Plätze das Doppelte. Auf der Galerie kostet jeder Platz — auch dort giebt es nur numerirte Sitzplätze — 50 Pfg; Abonnements für die Galerie werden nicht ausgegeben. Einmal wöchentlich würden Vorstellungen außer Abonnement, also zu doppelten Preisen, stattfinden. Da jedes Theater ca. 1800 Plätze enthalten und da ferner täglich zweimal gespielt werden soll, so wird man auf eine tägliche Einnahme von über 4500 Mark oder auf eine Monatseinnahme von etwa 120,000 Mark für jedes Theater rechnen können; die Ferienzeit ist dabei berücksichtigt. Unter diesen Umständen hätte die Stadt Berlin voraussichtlich nicht gar zu große Opfer zu bringen, denn mit einem Monats-Etat von solcher Höhe ließe sich schon etwas erreichen.

Auf die zweckmäßige Vertheilung der nichtabonnirten Plätze unter diejenigen der Abonnenten ist großes Gewicht zu legen. Es darf nicht vorkommen, daß durch die Abonnements z. B. sämmtliche der Bühne nahe liegenden Parquet-Plätze oder alle Logen-Plätze vorweggenommen sind. Ferner muß möglichst vermieden werden, daß die abonnirten und nichtabonnirten Plätze von den Besuchern im Theater unterschieden werden können.

Im Uebrigen wird dem Publikum auch in Betreff der Zahlung der Abonnementsbeträge in weitestem Maße entgegengekommen werden. So soll es zulässig sein, daß die Abonnenten auf das Abonnement nur eine kleine Anzahlung leisten und die Billets von Fall zu Fall bezahlen. Zur Bequemlichkeit des Publikums wird innerhalb jedes Stadtviertels in angemessener Entfernung vom Theater eine zweite Tages-Kasse errichtet, die mit derjenigen im Theater durch direkten Draht telephonisch verbunden ist, um über die jeweilig noch verfügbaren Billets sofort Auskunft erhalten zu können. Es sind überdies in dem Bezirk jedes Stadttheaters besondere Abholestellen (etwa in Buchhandlungen) gedacht, woselbst nach vorheriger Vereinbarung bestimmte Abonnements-Billets abgeholt werden können. An diesen Stellen würden auch solche Abonnenten, die an ihrem Abonnementstage am Theaterbesuch verhindert sind, ihre Billets zwecks anderweitigen Verkaufs hinterlegen können; der eventuelle Erlös wird ihnen gutgebracht. Sollten hinterlegte Billets solcher Abonnenten, die noch keine Zahlung dafür geleistet haben, nicht verkauft worden sein, so haben die betreffenden Abonnenten selbstverständlich den Schaden zu tragen.

Den Theaterbesuchern wird durch die Errichtung einer zweiten Tageskasse und der Abholestellen Gelegenheit gegeben, die Billets in der Nähe ihrer Wohnungen zu entnehmen.

Eine wichtige Frage will ich nicht unerwähnt lassen — das ist die Frage des Theater-Anfangs. Es kann keinem Zweifel unterliegen, daß ein großer Theil des Publikums beim Theater fern bleibt, weil die Vorstellungen zu einer Stunde beginnen, wo berufliche Pflichten die Leute noch an's Haus, an's Büreau oder an's Geschäft fesseln. Der übliche Anfang um $7^1/_2$ Uhr ist für diese zu früh; ein um eine halbe Stunde späterer Anfang wäre schon ein Gewinn. Ich schlage deßhalb 8 Uhr für die Abend-Vorstellungen vor. Der Anfang der Nachmittags-Vorstellungen würde sich hiernach richten und vielleicht auf 3 Uhr festzusetzen sein.

Es sollen keine Nebenabgaben entstehen. Wie die Verabfolgung der Theaterzettel, so soll auch die Aufbewahrung der Garderobe ganz unentgeltlich sein. Die Theaterzettel werden gegebenen Falles, etwa bei Opern und schwierigen Dramen, — was an dieser Stelle besonders hervorgehoben sein mag — eine kurze Inhaltsangabe des Stückes und außerdem kurze Notizen über den Verfasser enthalten, damit die Besucher vor Beginn der Vorstellung sich schon orientiren können. Bei Opern kann die Inhaltsangabe so gestaltet sein, daß die Textbücher überflüssig werden.

Bau und Organisation.

Wurde in den vorhergehenden Abschnitten gezeigt, wie ich mir „die innere Reform" der Theater denke, so sollen die nachstehenden Zeilen, insbesondere der dieser Broschüre beigegebene Anhang mit Plänen und Zeichnungen, der „äußeren Reform" gewidmet sein.

In den neuen Theatern werden folgende Hauptpunkte Berücksichtigung finden:

I. Der Zuschauerraum.

a) Die Form des Zuschauerraumes, die Anordnung der Logen und Sitzplätze ist so gewählt und ausgeführt, daß von jedem einzelnen Platze aus ein unbehindertes Sehen und Hören gewährleistet wird. (Ausführung Seite 37.)

b) Die Ein- und Ausgänge des Parquets und der Ränge sind so gestaltet, daß selbst beim eiligsten Verlassen des Theaters — etwa im Falle einer Katastrophe — jedes Gedränge unmöglich wird. (Ausführung Seite 43.)

c) Die Regelung der Temperatur im Theater ist gänzlich umgestaltet und in vollkommenster Weise erreicht, so zwar, daß selbst im Hochsommer der Aufenthalt in den Räumen des Theaters angenehm ist. Der Theaterraum wird durch maschinelle Vorrichtungen gewissermaßen in ein Sommer-Theater umgewandelt. (Ausführung Seite 43.)

d) Die Einrichtung der Bühne ist so getroffen, daß ein schneller Szenenwechsel ermöglicht wird. (Ausführung Seite 44.)

e) Der Verkehr in der Theater-Vorhalle (Vestibule) ist genau geregelt. (Ausführung S. 44.)

II. Garderobe, Restauration und sonstige Nebenräume.

a) Die Garderobenverhältnisse sind gänzlich umgestaltet nach dem Grundsatze der Unentgeltlichkeit und absoluten Bequemlichkeit. Jedes Gedränge und längere Warten kommt in Wegfall. (Ausführung Seite 45.)

b) In den neuen Theatern befinden sich statt des üblichen gänzlich unzureichenden kalten Buffets Restaurationen im vornehmen Stil, in denen man gut und zu geringen Preisen speisen kann. Vorausbestellung aller Speisen soll ermöglicht werden. (Ausführung Seite 48.)

c) Statt der vielen kleinen Pausen ist eine solche von dreißig Minuten vorgesehen, die namentlich in Rücksicht auf die Inspruchnahme der Restauration Vielen wünschenswerth erscheinen dürfte. (Ausführung Seite 49.)

d) Die Besucher des II. und III. Ranges können dem im Foyer des I. Ranges stattfindenden Zwischenakts-Konzert beiwohnen, ohne daß sie Treppen zu benutzen brauchen, während die Parquetbesucher eine Treppe hinauf sich zu bemühen haben. (Ausführung Seite 49.)

III. Die Regelung des Wagen-Verkehrs.

Die An- und Abfahrt der Wagen, sowohl der Equipagen und Droschken als auch der Straßenbahnwagen, ist gänzlich neu gestaltet. Alle Fuhrwerke und Straßenbahnwagen fahren unter Bedachung an und ab. Für die letzteren ist ein besonderer „Theater-Bahnhof" vorhanden. Droschken und Straßenbahnwagen sind stets in genau ausreichender Anzahl beschafft. Das Stauen der Wagen bei der Anfahrt wird vermieden. Es sind besondere Straßenbahn-Anschlüsse und „Theaterwagen" in Aussicht genommen. (Ausführung Seite 50.)

Wie man aus dieser Zusammenstellung der Hauptpunkte erkennen wird, handelt es sich hier um recht erhebliche bautechnische und weitgehende organisatorische Aenderungen.

* * *

Es wird wahrscheinlich Leute geben, die die geplante und im Anhang zu dieser Schrift weiter beschriebene Fürsorge für die materiellen Bedürfnisse der Theaterbesucher als eine zu weit gehende bezeichnen werden. Aber man muß, um diese Frage vom richtigen Standpunkt zu beurtheilen, immer wieder auf den Ausgangspunkt aller meiner Betrachtungen und Vorschläge zurückgehen. Wir haben es hier ja nicht mit Kunst-Enthusiasten zu thun, sondern zum größten Theil mit Leuten, die es allmählich erst werden wollen. Es sollen insbesondere die Indifferenten und die Bequemen zum Theaterbesuch herangezogen werden, und da gilt es eben auch, den kleinen Schwächen des Einzelnen entgegenzukommen und alles aus dem Wege zu räumen, was den Genuß und die Annehmlichkeiten eines solchen Theaterabends stören könnte. Daß aber hierbei die Magenfrage eine wichtige Rolle spielt, kann Niemand leugnen. Vor dem Beginn der Abend-Vorstellung können und mögen viele Leute nicht essen; nach Schluß, zu später Stunde und in einem wieder in anderer Gegend liegenden Restaurant ebenfalls nicht; folglich bleibt für einen sehr bedeutenden Bruchtheil des Publikums nur die eine Möglichkeit, in der Theater-Restauration die berechtigten Forderungen des Magens zu erfüllen. Das gilt auch für solche Besucher der Nachmittags-Vorstellung, die etwa um 4 bis 5 Uhr Nachmittags zu speisen gewohnt sind. Eine sehr einleuchtende Erklärung für die allgemeine Beliebtheit der Variété-Theater liegt zweifellos in der Thatsache, daß die Besucher hier die gebotenen Genüsse nicht durch unliebsames Fasten erkaufen müssen, und es ist unbedingt geboten, diese Erkenntniß zu berücksichtigen und praktisch auszunützen!

Manche werden im Hinblick auf die vorgeschlagene Reform des Verkehrs und die Erweiterung der Straßenbahn-Anschlüsse vielleicht den Einwand erheben, unsere verkehrspolizeilichen Bestimmungen und die traditionell geheiligten Gepflogenheiten der Straßenbahn-Gesellschaft seien so festgelegt, daß man über sie nicht hinweggehen könne. Demgegenüber möchte ich bemerken, daß alle diese Faktoren des öffentlichen Lebens den von mir geplanten Neuerungen nothgedrungen genau ebenso sich anpassen werden, wie sie dies gegenüber vielen anderen Forderungen des modernen Verkehrslebens haben thun müssen.

Es werden vielleicht auch Bedenken wegen der Platzfrage auftauchen, weil es den Anschein hat, als ob namentlich im Hinblick auf die geplanten „Theaterbahnhöfe" ein außerordentlich großer Platz für jedes Theater erforderlich sei. Demgegenüber betone ich, daß die von mir vorgeschlagenen Theater nicht mehr Raum benöthigen als solche der gegenwärtigen, die Gartenanlagen haben. Gärten kommen aus den Seite 44 entwickelten Gründen für die neuen Theater nicht in Frage. Die Gartenanlagen der vorhandenen Theater nehmen mindestens so viel Raum in Anspruch wie die gedachten Bahnhöfe. Im Uebrigen können die letzteren außerhalb der Gebrauchszeit andern Zwecken des öffentlichen Verkehrs dienstbar gemacht und so entsprechend ausgenutzt werden.

* * *

In dem nachstehenden <u>Anhang</u> soll erläutert werden, in welcher Weise ich mir <u>die Ausführung</u> der angegebenen einzelnen Punkte, betreffend <u>Bau und Organisation</u> der Theater, denke. Dieser Theil meiner Broschüre wird in erster Linie den Theaterfachmann interessiren; doch auch der Laie wird wenigstens das Eine daraus entnehmen, daß ich es mir angelegen sein ließ, bezüglich des Baues und der Organisation nicht blos Wünsche auszusprechen und das Bestehende zu kritisiren, sondern auch Wege zur Abänderung anzugeben.

Anhang.

Ausführungen zu I.

Der Zuschauerraum.

a) Die oftmals betonte und niemals recht durchgeführte Forderung, von allen Plätzen gut zu sehen, wird hier durch die nachstehend beschriebenen Anordnungen erreicht werden. Zunächst das Parquet. Es hat die Form des Saales, d. h. die beiden Seiten des Parquets stoßen im rechten Winkel auf die Bühne. In meinem Bestreben, eine solche Form zu schaffen, daß jeder Parquet-Besucher unbehindert die ganze Bühne überblicken kann, habe ich dem Parquet-Raum auch eine ganz erhebliche Steigung gegeben, wie folgende Skizze zeigt:

Diese Steigung ist so bedeutend, daß die letzten Sitzreihen bis zur Höhe des I. Ranges reichen. Jeder Besucher kann von jedem Platze aus über den Kopf des Vordermanns hinwegsehen, auch dann noch, wenn die Größe des letzteren die normale überschreitet.

Die gedachte Anordnung der Sitzreihen nach der skizzirten Kurve hat sich in dem von dem Architekten Ernst Schmid-Charlottenburg erbauten Langenbeck-Haus sehr bewährt, namentlich auch betreffs der Akustik. Der genannte Architekt hat mir übrigens bei meinen bautechnischen Vorschlägen als Sachverständiger insofern zur Seite gestanden, als er sie auf ihre Ausführbarkeit und richtige Darstellung hin prüfte.

Neben dem Parquet giebt es keine Logen. Neben dem Orchester hingegen befinden sich die üblichen Orchester-Logen, darüber die Hofloge (mit besonderem Zugang) und die Proszeniumslogen.

Gesammt-Ansicht des projektirten Theaters mit dem Theaterbahnhof und der seitlichen An- und Abfahrtshalle nebst Inselperron.

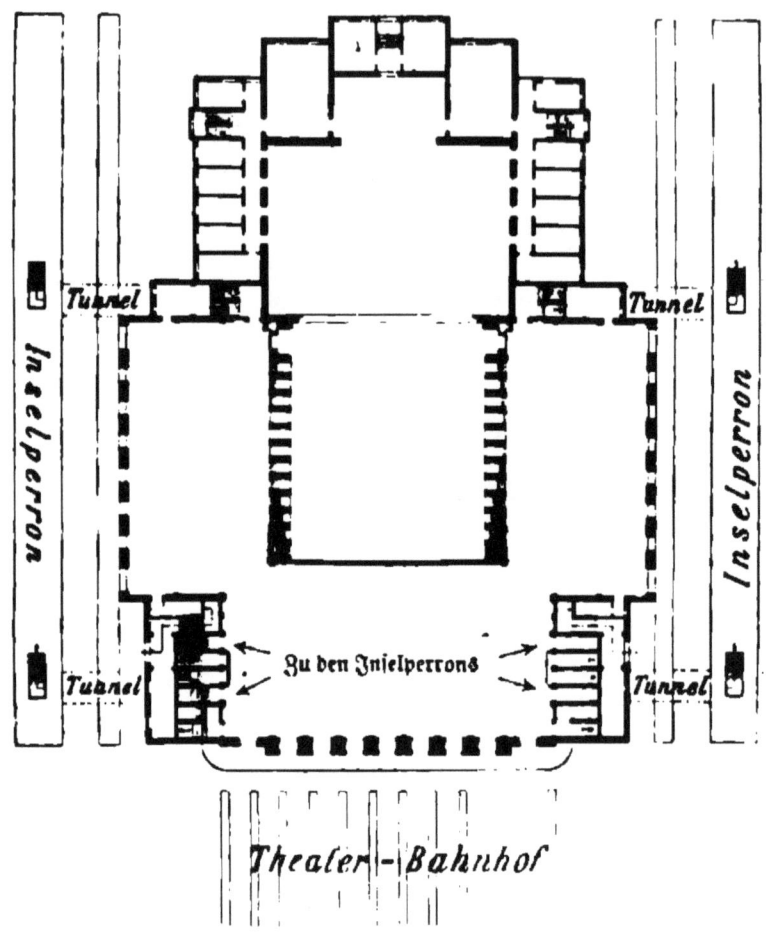

Grundriß zur Veranschaulichung des Theaterbahnhofes
und der beiden Inselperrons mit den vier Tunnels, die von den Inselperrons
unter dem Fahrdamm her in's Theater führen.

In den neuen Theatern befinden sich drei Ränge, die alle in Logen eingetheilt sind, und ein vierter Rang ohne Logen, der für die Galerie bestimmt ist.

Die Besucher der Ränge und Galerie werden ebenfalls einen durch nichts behinderten Ausblick auf die Bühne haben. In den gegenwärtigen Theatern haben die Seiten meist eine hufeisenförmige Anslabung, oder sie stoßen im stumpfen Winkel auf die Bühne gemäß folgenden Skizzen:

Es leuchtet ein, daß eine derartige Anordnung der Plätze unzweckmäßig ist, denn sobald der näher zur Bühne sitzende Nachbar nur im Geringsten sich vorneigt, versperrt er die Aussicht auf die Bühne. Das gilt auch für solche Ränge, deren Seiten die Bühne im rechten Winkel treffen. Deshalb schlage ich vor, daß die beiden Langseiten der Ränge in einem spitzen Winkel zur Bühne stehen, also folgendermaßen:

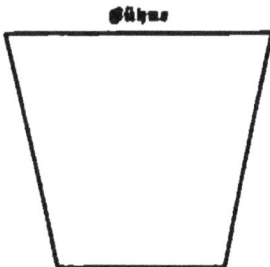

Alle Ränge haben dieselbe, von derjenigen des Parquets abweichende, Form. (S. Grundriß Seite 39 B.)

Bei einer, der Lage dieser Langseiten entsprechenden, Anordnung der Rangplätze kann kein Besucher dem weiter von der Bühne entfernt sitzenden im Wege sein; sie vermögen sämmtlich die Bühne frei zu überblicken. Durch diese verschiedenartige Form des Parquets und der Ränge wird die Akustik noch mehr gehoben.

Jede Loge enthält zwei Sitzreihen, aber die Plätze der hinteren Reihe sind, entsprechend denjenigen im Parquet, so ansteigend angeordnet, daß auch hier der Ausblick nie durch den „Vordermann" behindert werden kann.

— 41 —

Auch die Sitzreihen der Galerie weisen erhebliche Steigungen auf, so daß hier ebenfalls die Besucher der hinteren Reihen bequem über die Besucher der vorderen Reihen hinwegsehen können.

Die Ränge sind übrigens nicht so hoch wie die in den derzeitigen Theatern, damit auch die Besucher der oberen Ränge einen guten Ausblick auf die Bühne haben.

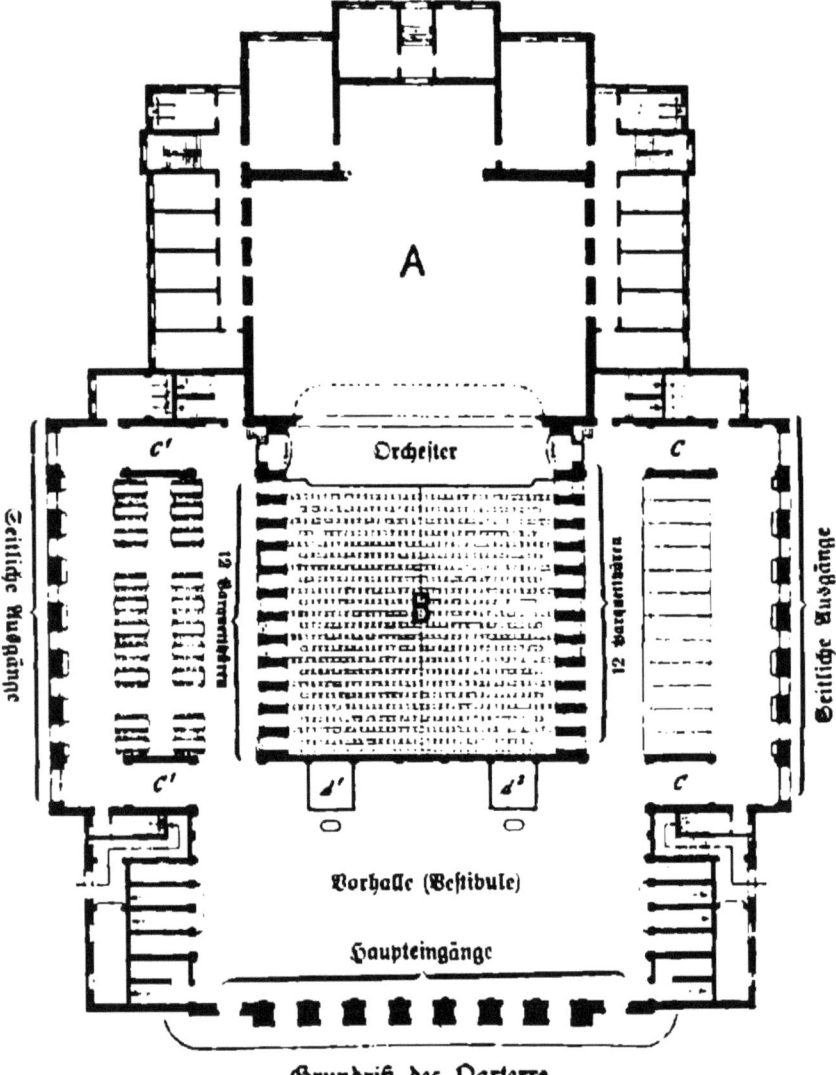

Grundriß des Parterre.

A Bühne. B Parquet. C C¹ Seitensäle: rechts als Garderobenraum, links als Speisesaal (S. auch Bild Seite 46 u. 47); d¹ d² Kassen.

b) Um jede Gefahr bei einem etwaigen Brande nach Möglichkeit zu beseitigen, denke ich mir folgende Konstruktion der Parquet-Ausgänge und der Rangtreppen: Für je zwei Parquetreihen besteht (natürlich auf jeder Seite des Hauses) eine besondere Eingangsthür, von der aus, je nach der Lage der Parquetreihe, wenige Stufen zu den Plätzen führen. Da jede halbe Reihe 18 bezw. 20 Plätze aufweist (s. Grundriß Seite 41), so erhellt aus

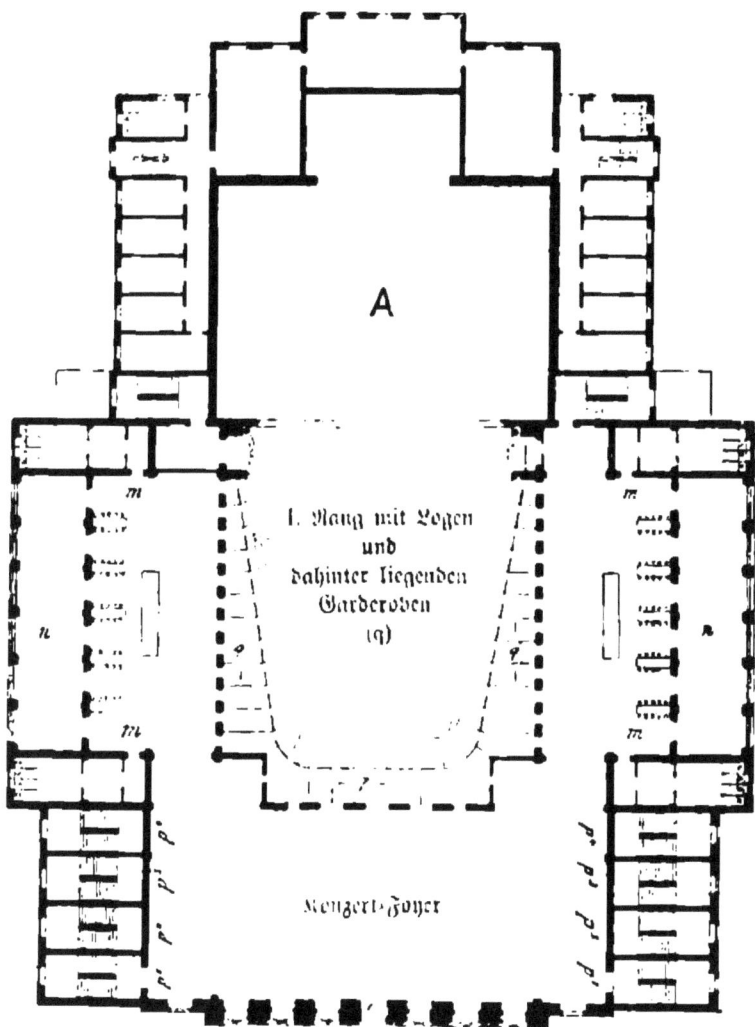

Grundriß des I. Ranges.
A Bühnenraum, m Speisesäle, n offene Wandelgänge, p¹, ², ³, ⁴ Rangtreppen, q Garderoben.

dieser Eintheilung, daß nur höchstens 38 Personen eine Thür zu passiren haben. Im Falle einer Gefahr vermögen nun die Parquetbesucher „rechts" und „links" ohne jeden Aufenthalt das Haus zu verlassen. Es sind nämlich auf jeder Seite zwölf Parquet-Thüren und diesen Thüren gegenüber acht breite Nothausgänge vorhanden, die direkt in's Freie führen.

Was die große Anzahl der Parquetthüren in der Praxis bedeutet, wird sofort klar werden, wenn man sich daran erinnert, daß die heutigen Theater gewöhnlich nur zwei Ausgänge auf jeder Seite des Parquets haben. Diese geringe Thürenanzahl hat beim Betreten und Verlassen des Parquets stets ein mehr oder weniger großes Gedränge und längeres Warten vor den Parqueteingängen zur Folge. Der in allen jetzigen Theatern vorhandene Gang neben den Sitzreihen im Parquet kommt wegen seiner Unbequemlichkeit und Platzverschwendung bei den neu geplanten Theatern in Wegfall, da die Sitzreihen des Parquets bis an die Parquetthüren reichen.

Die Rangbesucher können sich ebenfalls dem Gefühl der Sicherheit hingeben. Für sie besteht die Möglichkeit, schnell und ohne Gedränge das Haus zu verlassen, darin, daß jeder der vier Ränge zwei eigene Treppen hat. Es sind also insgesammt acht Rangtreppen vorhanden. Von diesen führen sechs (vom I., II. und III. Rang), und zwar jede für sich, bis an die Straßenausgänge der Vorhalle (Vestibule), die zwei der Galerie bis an die Straße. Bei den meisten der bestehenden Theater vereinigen sich die Rangbesucher auf gemeinsamen Treppen, ein Uebelstand, der häufig bei Eintritt von Brandkatastrophen ein lebensgefährliches Gedränge zur Folge gehabt hat. Auf den von mir vorgeschlagenen acht Treppen kann ein Gedränge nicht entstehen, da für jede einzelne Treppe stets nur eine verhältnißmäßig geringe Anzahl Personen in Betracht kommt. Diese Art der Anlage gestattet auch vielen gebrechlichen Leuten, denen das sonst kaum möglich wäre, die billigen in den oberen Rängen liegenden Plätze zu besuchen.

c) Die Regelung der Temperatur im Theater ist eine für das Wohlbefinden des Publikums außerordentlich wichtige Aufgabe. Ich sah einst in einem Londoner Konzertsaal diese Frage auf die einfachste Art gelöst. Diese Lösung schwebt mir vor, wenn ich Folgendes anrege: Man mache eine in der Mitte theilbare Decke (Dach), die nach Bedarf geöffnet und geschlossen werden kann. Beide Theile sind mittels elektrisch oder hydraulisch zu betreibender Vorrichtungen schnell und ohne Geräusch horizontal auszufahren und wieder aneinanderzufügen. Eventuell, wenn anders die Witterung es gestattet, bleibt im Sommer die Decke überhaupt während der Vorstellung geöffnet. Die Theaterbesucher haben dann den freien Himmel über sich, während sie den Vorgängen auf der Bühne zuschauen, unbelästigt von Hitze und Dunst. Auf diese Weise ist nicht nur die Ventilationsfrage gelöst, auch die Gefahr des Erstickens durch Rauch bei einem etwaigen Brande ist vollständig behoben, da dem Rauch unbehinderter Abzug verschafft wird.

In den drei Rangstockwerken stehen offene Wandelgänge zur Verfügung; für die Galerie-Besucher ist ein offener Balkon vorhanden. Die offenen Wandelgänge und der Galerie-Balkon (s. Grundriss Seite 42 u)*) liegen über den grossen Seitensälen des Parquets. (S. Seite 45 und 48.) Auf der perspektivischen Ansicht, Seite 38, sieht man rechts über der Bedachung des seitlichen Theater-Eingangs in den Balkon der Galerie und die Wandelgänge der drei Ränge hinein. Diese im Freien liegenden Räume in Verbindung mit der ausfahrbaren Decke ermöglichen es, das Theater gewissermassen in ein offenes Sommertheater zu verwandeln.

d) Die Bühne und ihre Einrichtung soll natürlich unter Berücksichtigung der neuesten Erfahrungen und unter Anwendung aller technischen Hilfsmittel der Neuzeit geschaffen werden. Um ein schnelles und exaktes Funktioniren aller Bühnenvorrichtungen zu erzielen, soll die Elektrizität mehr als bisher in Anwendung kommen. Dies gilt besonders für die gesammte Bühnenmaschinerie. Hauptwerth lege ich darauf, dass ein <u>schneller Szenenwechsel</u> ermöglicht wird. Vor allen Dingen scheint mir daher eine zweistöckige Bühne (Senkbühne) nothwendig, denn diese gestattet es, die nächste Verwandlung fertig herzustellen, während gespielt wird; man spart also die Zeit der vielen Pausen. Für diejenigen, die von einer Senkbühne noch nichts erfahren haben, sei bemerkt, dass die versenkbare, mehrstöckige Bühne im Wesentlichen nichts Anderes ist als ein grosser Fahrstuhl mit mehreren Etagen. Ihre Brauchbarkeit wurde in einigen ausländischen Theatern bereits erprobt.

„Mehr Licht" muss auch für diese neuen Bühnen das Losungswort sein. Die meisten der bestehenden Bühnen sind noch immer nicht genügend erleuchtet. Bei Anbringung der Rampen- und Seitenlichter und der Beleuchtungskörper im Zuschauerraum ist darauf Bedacht zu nehmen, dass das Licht nicht, wie jetzt in vielen Theatern, die Augen des Publikums blendet und belästigt. Der übliche grosse Kronleuchter kommt ganz in Wegfall.

e) <u>Der Verkehr in der Vorhalle des Theaters</u> soll streng geregelt werden. Beim Eintritt in die Vorhalle muss man auf den ersten Blick nur die <u>Eingänge</u> bezw. Aufgänge zu den verschiedenartigen Plätzen, beim Verlassen des Theaters nur die <u>Ausgänge</u> zu den verschiedenartigen Wagen vor sich haben. Das wird dadurch erreicht, dass zuerst nur die Eingangs-

---

*) Es wird hierbei bemerkt, dass alle für die Ausführung der Bauten nöthigen Säulen in den Grundrissen nicht verzeichnet sind.

Thüren durch eine Einfassung von Glühlampen hervorragend beleuchtet sind, während die Ausgangs-Thüren dunkel bleiben; nachher ist es umgekehrt. Zudem werden die Aufschriften über den Thüren, sobald letztere nicht in Betracht kommen, unsichtbar gemacht.

In dieser Vorhalle befinden sich zwei Theaterkassen, je eine für Rang- und für Parquetbillets. (S. Grundriß Seite 41 d.) Die Kassen für die Galerie sind außerhalb der Vorhalle an den Eingängen zu den Galerietreppen angebracht.

Ausführungen zu II.

Garderobe, Restauration und sonstige Nebenräume.

a) Die von mir gedachte Art der Neu-Gestaltung der Garderoben-Verhältnisse hängt mit der geschilderten Platzeintheilung des Parquets eng zusammen. Auf jeder Seite des Zuschauerraumes neben dem Parquet befindet sich ein großer freier Raum. (S. Grundriß Seite 41 C.) Mitten darin erblickt man zwölf Garderobezellen, und zwar genau gegenüber den zwölf Parquetthüren. (S. Grundriß Seite 41.) Die einzelnen Garderobezellen liegen parallel nebeneinander. An den beiden Innenseiten jeder Garderobezelle befinden sich die Haken für die beiden Parquetreihen, zu welchen die gegenüberliegende Parquetthür führt. Parquetthüren und Garderobezellen haben die gleiche Nummer; die Nummern der Sitze im Parquet sind wiederum gleich den Nummern der Haken in der betreffenden Garderobezelle, so daß also das Eintrittsbillet zugleich für die Garderobe Geltung hat, eine besondere Garderobemarke daher in Wegfall kommt. Auf den Billets sind auch die Nummern der Parquetthüren angegeben. Der Theaterbesucher braucht also nur einen Blick auf sein Billet zu werfen, um sofort genau zu wissen, nicht nur welche Reihe und welchen Platz er hat, sondern auch, an welcher Garderobezelle er seine Kleider abgeben muß. Er findet sofort „seinen" Garderobier, da auch diese Beamten die gleiche Nummer tragen wie die auf den Billets angegebenen Parquetthüren.

Auf sehr einfache und bequeme Art gelangt man nach Schluß der Vorstellung wieder in den Besitz seiner Sachen. Die Besucher gehen geradeswegs in die Garderobezelle hinein. Die langen Tische, die vor den Garderobezellen standen und zum Ablegen der Garderobe gedient hatten, sind entfernt worden. Jeder nimmt sich selbst seine Garderobe vom Haken, ohne daß er ein Billet oder eine Garderobemarke vorzuzeigen braucht. Man durchschreitet alsdann die Zelle, tritt in den dahinter befindlichen großen

Schnitt durch den als Garderobenraum benutzten Seitensaal des Parquets.

*

Raum, wo Tische stehen, um die Garderobe aus der Hand zu legen. Ist auf diese Art alle Garderobe den Zellen entnommen — was kaum 2 Minuten in Anspruch nehmen kann —, so erfolgt ein Glockenzeichen, gleich darauf ein zweites und drittes. Dann öffnen sich (was zu dieser Neueinrichtung gehört) die Theaterausgänge auf einmal. Die sonst übliche sehr umständliche und zeitraubende Verabfolgung der Garderobe nur gegen Vorzeigung der Marke ist deshalb nicht erforderlich, weil durch die geplante Einrichtung ein Garderobediebstahl vollkommen ausgeschlossen ist; denn vor dem Ertönen des letzten Glockenzeichens würde das Fehlen eines Garderobestückes unzweifelhaft bemerkt werden. Eine Revision könnte in dem alsdann noch geschlossenen Raum natürlich leicht bewerkstelligt werden. Daß die Thüren geschlossen bleiben müssen, bis jeder Besucher seine Garderobe in Händen (wenn auch noch nicht angelegt) hat, wird also begreiflich erscheinen. Deshalb wird sich das Publikum die kaum merkliche Freiheitsberaubung gern gefallen lassen, um so eher, als durch die Neueinrichtung trotzdem eine erhebliche Zeitersparniß herbeigeführt wird. In den heutigen Theatern muß man meist längere Zeit Versuche machen, um einer der

Derselbe Raum als Speisesaal nach Versenkung der Garderobe.

*

wenigen Garderobenfrauen seine Nummer in die Hand zu drücken, und dann erst erfolgt, mit Kleidern bepackt, das "Rückwärtsarbeiten" durch das dichtgedrängte, ungeduldige Publikum. Nur wer ein Trinkgeld entrichtet, kann es heute erreichen, daß seine Garderobe beim Schluß der Vorstellung für ihn bereit liegt. Auch das ungemein störende zu frühe Verlassen des Zuschauerraums zwecks vorzeitiger Entnahme der Garderobe dürfte durch die vorgeschlagene Einrichtung gänzlich in Wegfall kommen.

Will Jemand das Theater vor der Zeit verlassen, so erhält er in diesem Falle seine Garderobe gegen Vorzeigung seines Theaterbillets, das, wie oben gesagt, gleichzeitig als Garderobemarke dient.

Alles bisher Angeführte bezieht sich auf die Garderoben des Parquets. Für die Ränge ist die Garderobenfrage auf die einfachste Weise gelöst. In jeder der kleinen Logen befindet sich hinter einer Wand ein Raum mit einer Anzahl Haken, an die die Kleidungsstücke der Logen-Insassen gehängt werden. Die Wand ist so angebracht, daß die Kleider vom Zuschauerraum aus nicht gesehen werden können. (S. Grundriß Seite 42q.)

Den Galeriebesuchern stehen Garderoben zur Verfügung, die hinter den betreffenden Platzabtheilungen liegen.

b) **Das Theater-Restaurant.** Neben der „Garderobenfrage" spielt die Frage der Restauration zweifellos eine erhebliche Rolle. Denn in Hinblick auf die verschiedenen Zeiten, zu denen die einzelnen Besucher ihre Hauptmahlzeiten einnehmen, muß sowohl bei den Nachmittags- als auch bei den Abend-Vorstellungen für eine „gute" Mahlzeit gesorgt sein.

Wenn die Besucher im großen Zwischenakt aus dem Parquet in das Seitenfoyer treten, so präsentirt sich dieses als ein breiter, mit Tischen, Stühlen ꝛc. besetzter Speisesaal. Die Garderobezellen mit ihrem Inhalt sind verschwunden. Die Handhabung einer einfachen dafür bestimmten Vorrichtung hat die ganze Reihe der Garderoben in das Erdgeschoß befördert. Wo beim Eintritt in's Theater nichts zu bemerken war als die Garderobezellen, sieht der Besucher jetzt die Einrichtung eines feineren Restaurants. Die beigefügten Bilder (Seite 46 u. 47) zeigen diese Veränderung sehr augenfällig. Das eine illustrirt den Saal vor Beginn des Theaters als Garderobenraum. Das zweite zeigt denselben Raum als Speiseraum während der großen Pause. Aus dem letzteren Bilde ersieht der Leser auch, wo die Garderobe mit ihrem Inhalt geblieben ist. Man erblickt die Zellen im Erdgeschoß, unter dem Speisesaal; die technischen Einrichtungen thun dem Beschauer kund, daß die Garderoben nach dem Prinzip der Fahrstühle gebaut sind und deshalb so schnell nach unten befördert werden konnten. Die Einrichtung ist an sich sehr einfach und allgemein bekannt, nur gelangte sie bisher in der gedachten Weise niemals zur Anwendung.

Kommen noch Nachzügler, die ihre Kleider abgeben wollen, nachdem die Zellen mit ihrem Inhalt bereits in's Erdgeschoß gelangt sind, so begeben sich diese über die dafür vorhandene Treppe hinab. Sie finden hier einige Beamte vor, die die Garderobe in Empfang nehmen und an den richtigen Platz befördern. Die gesammte Garderobe ist völlig eingeschlossen; nur die erwähnten Beamten haben den Schlüssel zu sämmtlichen Thüren. Will Jemand etwa in der Pause seine Garderobe zurücknehmen, so hat er sich ebenfalls an den Garderobe-Beamten im Erdgeschoß zu wenden. Nach Schluß der Pause vollzieht sich, während die Vorstellung ruhig ihren Gang geht, ebenso schnell die Umwandlung des Speisesaales in den Garderobenraum, wie vorher das Umgekehrte.

In jenen Speisesälen nun findet man in der großen Pause (s. folg. Seite unter c) genau abgegrenzte numerirte Plätze mit den bestellten Speisen und Getränken vor. Die Bestellungen darauf werden — immer gegen Aushändigung eines numerirten Bons — vor Beginn der Vorstellung in den zum Theater führenden Theaterwagen (eine Neueinrichtung, die ich später in dem Kapitel über die Verkehrsverhältnisse (Seite 60) ausführlich erörtern werde) oder beim Eintritt in's Theater von den dort zahlreich vorhandenen uniformirten Jungen entgegengenommen. Der Besucher sieht aus der Nummer des Bons, welcher Platz im Speisesaal für ihn reservirt ist. Es empfiehlt sich, kalte Speisen und Getränke, gleichgiltig welcher Art, ebenfalls im Voraus zu bestellen, damit man das Gewünschte auch richtig erhält. Für diejenigen Besucher, die keine Vorausbestellungen gemacht haben, sind besondere Buffets und kleine Tische in genügender Zahl vorhanden, so daß die Gäste die Speisen aus der Hand essen und essen können, ohne hin- und hergestoßen zu werden.

Den Besuchern der drei Ränge, sowie der Galerie stehen in gleicher Weise besondere Speiseräume zur Verfügung, die hinter den seitlichen Logen liegen. (S. Grundriß Seite 42 w.) Auch hier können Speisen vorausbestellt werden. Hinter den Logenspeiseräumen sind, wie schon angegeben, die offenen Wandelgänge vorgesehen, wo man promeniren kann.

c) Wie der Leser gefunden haben wird, sind alle Einrichtungen so geplant, daß das Speisen bequem und ohne Zeitverlust vor sich gehen kann. Dennoch würde die Zeit der üblichen Pausen dazu nicht ausreichend sein. Ich habe deshalb folgende Neuerung in Aussicht genommen: Die sogenannten kleinen Zwischenakte werden unter Heranziehung sämmtlicher technischer Hilfsmittel, insbesondere der bereits erwähnten Senkbühne, nach Möglichkeit beschränkt, und dafür wird, ungefähr in der Mitte jeder Nachmittags- oder Abend-Vorstellung, nur eine, dafür aber große, etwa dreißig Minuten währende Pause geschaffen. Diese Pause dürfte zur Befriedigung der Speisebedürfnisse genügen, zumal Vorausbestellung vorgesehen ist.

d) Im Foyer des I. Ranges findet während der halbstündigen Pause Zwischenakt-Konzert statt. Im II. und III. Rang befindet sich je ein Foyer wie im I. Rang, jedoch hat der Fußboden dieser Ränge einen mit einem Geländer umgebenen Ausschnitt, durch den man nach unten in das Foyer des I. Ranges blicken kann. Die Musik des Zwischenakt-Konzertes ist also auch auf den oberen Rängen zu vernehmen. Die Besucher des II. und III. Ranges genießen mithin den Vorzug des Konzerts, ohne daß sie Treppen zu benutzen brauchen. Die Parquetbesucher hingegen müssen sich eine Treppe hinauf, zum Foyer des I. Ranges, bemühen.

Ausführungen zu III.

Die Regelung des Wagenverkehrs.

Einer der für die Theaterorganisation wichtigsten Faktoren ist die Regelung der Verkehrsverhältnisse, der Ab- und Zufahrt der Equipagen, Droschken und Straßenbahnen. Die gegenwärtig geübte Beförderung des Theaterpublikums giebt zu fortgesetzten Klagen Anlaß. Gestaut in Reihen, deren letzter Wagen viele hundert Meter weit vom Eingange des Theaters entfernt steht, wartet das geduldige oder auch ungeduldige Publikum viertelstundenlang auf das endliche Freiwerden der Zufahrt. Die Pferdebahn-Haltestellen befinden sich meist so weit vom Theater entfernt, daß mitunter ein nicht unerheblicher Weg zu Fuß zurückgelegt werden muß. Ist das Theater aus, dann beginnt der obligate Kampf um die Fahrgelegenheit. Im Nu sind die Straßenbahnen überfüllt, und übrig bleibt meist nur die theuere Droschke oder der Weg zu Fuß.

Auf diese Uebelstände muß bei der Anlage und Organisation der neuen Theater Rücksicht genommen werden, und zwar denke ich mir die Ausführung wie folgt:

Anfahrt.

1. <u>Straßenbahnwagen.</u> Alle im Bezirk des Theaters liegenden Strecken sollen Anschlußgeleise zum Theater erhalten. Eine Stunde vor Beginn der Nachmittags- und Abend-Vorstellung verkehren in allen vier Bezirken von verschiedenen Abfahrtsstellen aus nach dem Theater besondere Wagen. Die Wagen erhalten große Schilder mit der Bezeichnung „Theaterwagen". In den Wagen befinden sich stets, wie bereits angegeben, einige „Theaterjungen", die auch Bestellungen auf Speisen und Getränke, die das Publikum in der großen Pause servirt haben will, entgegennehmen. Außerdem haben diese Jungen schon im Wagen den Fahrgästen die Theaterzettel unentgeltlich auszuhändigen. Sämmtliche Theaterwagen fahren in einen unmittelbar an der Frontseite des Theaters liegenden überdachten „Theaterbahnhof", dessen Uebergang zum Theater ebenfalls überdacht ist. (S. Zeichnung Seite 51.) Der Fahrpreis beträgt <u>zehn Pfennig pro Person</u> von allen Abfahrtstellen aus. Wer die Straßenbahn benutzen muß, um erst nach der Abfahrtstelle eines Theaterwagens zu gelangen, erhält innerhalb der Stunde vor Beginn der Vorstellung, sofern er im Besitze eines Theaterbillets ist, ein <u>Umsteige-Billet.</u>

Ansicht der Frontseite des Theaters mit dem Bahnhof für die Straßenbahnen („Theaterbahnhof").

Seitenansicht des Theaters mit der seitlichen An- und Abfahrtshalle nebst Inselperron.

2. **Equipagen und Droschken.** Diese Wagen müssen an den Seiten des Theaters anfahren, und zwar "links" oder "rechts", entsprechend den Theaterbillets der Insassen. An jeder Seite des Theaterbaus befindet sich ein langer, bis zum Theater überdachter Inselperron, in der Weise angelegt, daß eine Einfahrtshalle zwischen diesem und dem Theater und eine zweite neben der anderen Seite des Inselperrons entsteht. (S. Zeichnung Seite 52 und Grundriß Seite 30.) In die zuerst bezeichnete Einfahrtshalle können zwei Wagenreihen nebeneinander einfahren. Die Insassen dieser Wagen steigen direkt an der Seite zum Theater oder am Inselperron aus. In die außerhalb des letzteren befindliche Einfahrtshalle kann nur eine Wagenreihe einfahren, deren Insassen an dem Inselperron aussteigen, von wo zwei kurze Tunnels, wie auf dem Grundriß ersichtlich, direkt ins Theater führen. Auf diese Weise können sechs lange Wagenreihen (links und rechts) zu gleicher Zeit unter Dach anfahren, deren Fahrgäste nicht zu warten brauchen.

Abfahrt.

1. **Straßenbahnwagen.** Es ist erforderlich, daß nach Schluß der Vorstellung genügend Wagen für jede in Betracht kommende Richtung vorhanden sind. Zu diesem Zweck müssen die Fahrkarten vorher, am besten in der großen Pause, gelöst werden. Das nimmt weder merkliche Zeit, noch Mühe in Anspruch; man braucht nicht etwa an einen Schalter zu treten, sondern die überall zu treffenden uniformirten Jungen bieten die Fahrkarten an; auch sind Automaten dafür aufgestellt. Während der letzten Akte wird der Billetverkauf der Jungen und Automaten durch einen Beamten revidirt und hiernach die Anzahl der Wagen bestimmt, ebenso für welche Richtungen sie nöthig sind.

Die so ermittelte Anzahl Wagen wird hierauf zusammengestellt und jede Richtung für das das Theater verlassende Publikum durch große, gut erleuchtete Schilder genau angegeben. Wer kein Fahrbillet im Voraus gelöst hat, kann diese Theaterwagen nicht benutzen, es sei denn, daß noch Platz übrig bleibt, nachdem alle mit Billets versehenen Personen eingestiegen sind.

2. **Equipagen und Droschken.** Die letzteren werden vor Schluß der Vorstellung in der erforderlichen Anzahl herangeschafft und zusammengestellt. Der Bedarf an Droschken wird dadurch ermittelt, daß ebenfalls vorher, in der großen Pause, für die verschiedenen Arten von Droschken (erster oder zweiter Klasse, offene oder geschlossene Wagen) Marken zum Preise von 50 Pfennig entnommen werden, und zwar von den Theaterjungen oder aus den

Automaten. Die Anzahl wird, wie oben bei den Straßenbahnen angegeben, festgestellt. Die Marke giebt man dem Kutscher in Zahlung. Die Kutscher dürfen nur Fahrgäste annehmen, die mit solchen Marken versehen sind. Die Equipagen und die verschiedenen Arten Droschken haben ihre Abfahrtstelle unter den Bedachungen der Inselperrons.

Der Standplatz und die Art der verschiedenen Wagen werden durch große, gut beleuchtete Schilder sichtbar gemacht.

Vom Dunkelwerden an, insbesondere bei der An- und Abfahrt, wird für genügendes Licht durch Bogenlampen und, vom Dache aus, durch Scheinwerfer gesorgt sein.

Schlußwort.

Wohl bin ich mir bewußt, daß meine Schrift Angriffe erfahren und Meinungsverschiedenheiten über die von mir angeregte Frage, wie man das Theater in Berlin populär machen kann, zeitigen wird. Einem Einwande möchte ich aber von vornherein die Spitze abbrechen, nämlich dem Einwande: „Das wäre alles sehr schön, aber es geht nicht!" Mit voller Ueberzeugung rufe ich demgegenüber aus: „Es geht!" Es geht, wie so vieles Andere, das zunächst auch undurchführbar schien, dann aber verwirklicht wurde, als den vermeintlichen Unmöglichkeiten die Nothwendigkeit der Ausführung und ein eiserner, unbeugsamer Wille entgegentrat. Jeder, der ohne Voreingenommenheit sich die Mühe giebt, meine Vorschläge eingehend und mit Ernst zu prüfen, wird finden, daß sie sogar ohne größere Schwierigkeit ausgeführt werden können.

Zudem werden, wie ich annehme, alle diejenigen, die sich mit meinem Thema beschäftigen, darin mit mir übereinstimmen, daß die Theater in der Reichshauptstadt dem Mittelstande, insbesondere aber dem „kleinen Mann", fast fremd sind, und daß in kultureller Beziehung viel gewonnen wäre, wenn es gelänge,

Theater mit wirklich künstlerischen Darbietungen auch diesen Kreisen zugänglich zu machen.

Durch die Darlegung und die weitestgehende Verbreitung meiner Pläne habe ich zunächst das Meinige gethan, um die Uebelstände im Theaterwesen zu beheben. Nun haben Berufenere das Wort! Meine Anregungen zu prüfen, zu bessern, zu ergänzen und sie dann der praktischen Verwirklichung entgegenzuführen, das soll, meine ich, Sache eines Comités sein, gebildet aus Berliner Stadtvertretern, Theaterfachleuten, Architekten, aus Männern von weitem Blick, Thatkraft und gemeinnütziger Gesinnung, Männern, die eine Ehre und eine Pflicht darin sehen, an einem Werke von weittragender Bedeutung mitzuhelfen. Sollte aber selbst ein solches Comité nicht zu Stande kommen, so habe ich gleichwohl die sichere Hoffnung, daß meine Anregungen früher oder später befruchtend einwirken werden auf neue Ideen und zielbewußte Bewegungen im Gebiete der Theater-Reformen; auf diesem Wege werden dann meine Vorschläge in hoffentlich noch weit vollkommener Form zur Verwirklichung gebracht werden.